시간 속으로

신찬옥 시집

시산맥 서정시선 073

시간 속으로
시산맥 서정시선 073

초판 1쇄 발행 | 2020년 11월 20일

지 은 이 | 신찬옥
펴 낸 이 | 문정영
펴 낸 곳 | 시산맥사
편집주간 | 이성렬
편집위원 | 강경희 안차애 오현정 정재분
등록번호 | 제300-2013-12호
등록일자 | 2009년 4월 15일
주　　소 | 03131 서울특별시 종로구 율곡로 6길 36,
　　　　　월드오피스텔 1102호
전　　화 | 02-764-8722, 010-8894-8722
전자우편 | poemmtss@hanmail.net
시산맥카페 | http://cafe.daum.net/poemmtss

ISBN 979-11-6243-152-8 03810

값 9,000원

* 이 책은 전부 또는 일부 내용을 재사용하려면 반드시 저작권자와 시산맥사의 동의를 받아야 합니다.
* 이 도서의 국립중앙도서관 출판시도서목록(CIP)은 서지정보유통지원시스템 홈페이지(http://seoji.nl.go.kr)와 국가자료공동목록시스템(http://www.nl.go.kr/kolisnet)에서 이용하실 수 있습니다. (CIP제어번호 : CIP2020047333)
* 이 시집은 교보문고와 연계하여 전자책으로도 발간됩니다.

시간 속으로

신찬옥 시집

* 본문 페이지에서 한 연이 첫 번째 행에서 시작될 때에는 〈 표기를 합니다.

■ 시인의 말

삶 깊은 곳에서 흘러나오는 언어들을 모아

사람들과 함께 나누고 싶었다

가장 아름답고, 가슴 아팠던 순간들이

한편, 한편의 시로 씌어졌다

마음속 깊이 새겼던 소중한 나의 작품들이

독자의 품안으로 사뿐히 내려앉아,

오래도록 남아 있기를 바란다.

내 삶의 일부를 시에게 주었다.

2020년 초가을, 신찬옥

■ 차례

1부

당신의 심장소리 - 19
베란다에 꽃밭을 만들다 - 21
달품에 안긴다 - 22
디지털이 준 선물 - 24
딸의 내음 - 25
산길을 오르다 - 26
시간 속으로 - 27
식사 - 28
엄마의 숙제 - 30
절을 한다 - 32
지하철역 에스컬레이터 - 33
제 남편이에요 - 34
체육관은 물리치료실 - 36
커피 의존증 - 37
골수 - 38
또 다른 나 - 40
시 잔치가 열린 날 - 41

2부

체온의 온돌방 - 45
글을 꿰매는 사람들 - 46
고향 길 - 47
마늘 육 남매 - 48
마술사 - 49
며느리의 첫 생일 - 50
바라보는 눈 - 52
밤이 길다 - 54
번진다 번져온다 공기가 아프다 - 56
빗속의 그림자 - 58
사당 차례 - 59
아버지의 굽은 등 - 60
어른 되는 날 - 61
젖무덤 - 62
주머니를 버리다 - 63
황혼 속 신혼 - 64
친구와의 약속 - 66

3부

참깨 – 69

웃음 낚시 – 70

검정 두루마기 – 71

달 – 72

도마와 칼 – 73

멸치 – 74

삶은 고스톱 – 75

수산시장 – 76

안경 – 77

시와 터치 중 – 78

연필 – 80

인터넷 백화점 – 81

초보 촌부 – 82

촛불 – 83

더덕 장수 할머니 – 84

내시경 – 85

창문 너머 숲속 이야기 – 86

4부

무장다리 꽃 - 89

그녀의 꽃밭 - 91

하늘 공원 - 92

가을에 핀 영산홍 - 93

구절초 - 94

날아가고 싶다 - 95

다문화 가정 - 96

마음 다이어트 - 98

모성 - 99

밥상에 핀 김치 꽃 - 100

보리 - 101

쓰레기장에 버려진 호접란 - 102

알콩달콩 새댁들 - 104

입양 - 105

영상 - 106

기억은 그네를 타고 - 108

장맛비 - 110

■ **해설** | 이혜선(시인, 문학평론가) - 113

1부

당신의 심장소리

남편을 수술실로 들여보냈다
대기실 앞에서 전광판에 뜨는 이름만 뚫어지게 보고 있었다
뱃속 아기도 아빠가 걱정이 되는지 오늘따라 태동이 심했다

아가야, 아빠가 무사히 수술이 끝날 수 있도록 우리 기도하자

여섯 시간째 계속 수술 진행 중,
입술은 바삭바삭 까맣게 타고
마음 졸이며 기다림 속에
여덟 시간 만에 수술이 끝났다

회오리바람은 지나고
오늘 저 똑딱거리는 시계소리처럼
당신의 심장 박동소리가 쿵쿵 울려 퍼질 때
살포시 잡은 두 손

〈
세포 속에 얼기설기 저장되었던
지난날들을 조용히 열어보았다

오늘따라 당신 모습이 편안해 보인다
내일은 온기 가득한 봄날이면 좋겠다

베란다에 꽃밭을 만들다

마음이 건조할 때
터앝의 꽃밭으로 간다

터앝에 비가 내리지 않아도
꽃은 투덜대지 않는다
바람이 불지 않아도
종알대지 않는다

꽃들과 속삭이며 웃고 있는 동안
불편했던 마음이 사르르 가라앉는다

꽃은,
정신건강의학과 전문의다

그녀는
계절에 상관없이 늘 피는 웃음꽃을 처방 받는다

달 품에 안긴다

곤히 자는 나를 꼬옥 안아준다
깜짝 놀라 눈을 떴다
창문 너머 살며시 들어온 달
오랜만에 안겨보는 품안
혼자 잠든 내가 외로워 보였나보다

서로를 다독이며 폭 안겨 자던 잠이
옆에 없으면 허전해서 못 자던 잠이

거친 숨소리가 귀에 거슬려 각방을 썼다
서로가 걱정이 되어 방문을 열어놓고 잤다
경비원이 아파트 돌아보듯 중간 중간 화장실 갈 때면
그이의 자는 모습을 살펴본다
얼굴은 복숭아 빛인지
심장 판막은 잘 뛰고 있는지
손은 따뜻한지!

그이의 얼굴이 편안해 보인다
선물 같은 시간이다

〈
여전히 서성이는 달이
창문을 뚫고 들어온다
한 달에 한 번은 만날 수 있다며 나를 꼬옥 안아준다
젊은 날 그이의 품속 같다

디지털이 준 선물

네모난 상자 속에서 인기척이 들린다
"누가 왔나"

서둘러 뚜껑을 연다
네모난 그 속에 맞은바라기로 앉아 그리움을 수다로 풀고 있는 모녀
촉촉한 눈길로 서로를 바라보며 짧은 시간을 더듬고 있다

딸이 갑자기 엄마 아기 좀 봐 주세요 화장실 다녀올게요,
한 번도 안아주지 못한 손자
상자 속에서만 본 손자다
나는 아기와 눈을 맞추고 신나게 노래를 불러준다
'곰 세 마리가 한 집에 있어 아빠 곰 엄마 곰 애기 곰'
아기는 방글방글 웃는다

태평양 건너에 있는 손자를 스마트폰 속에서 오늘도 만난다
할미와 손자는 스마트하게 벙글벙글 웃고 있다

딸의 내음

집 안 여기저기 스며 있는 딸의 내음,
시간이 지날수록 시나브로 사라진다

숯불 위에서 고기가 익어갈 때 딸이 보인다
팥을 다문다문 넣고 찰밥을 할 때도 딸이 보인다

벽에 붙어서 늘 웃고 있는 딸
'꿈에도 보이지 않는구나'

바다 건너 팔을 길게 뻗는다
만지고 싶다, 부비고 싶다, 먹이고 싶다

고무줄 늘어난 바지를 끌어올리며
두고 간 딸의 내음을 맡아본다

서늘한 가슴속에 스미는 안타까운 내음

산길을 오르다

뒷산 오름길에 한가로이 서니
따뜻한 햇살이 살짝 등에 앉는다

가파른 오르막길
햇살 무등 태워 올라가는데
파아란 하늘이 잠깐 쉬어 가란다

솔잎 냄새 맡으며
생각의 문을 연다

지난 날 접었던
내 삶의 색을 다시 칠하고 싶다
떡갈나무 푸른 잎에
솔잎 붓으로 서투른 시를 써 본다

산산한 바람이 가슴에 인다

시간 속으로

장 미역 사서 이고 산후조리 해주러 오는 길에
대문에 걸려 있는 인줄을 보고 또 딸이구나
사돈 보기 민망하다고 눈물 글썽이며 되돌아간 엄마

산언저리마다 단풍으로 곱게 수놓은 산골마을
양지바른 흙집에 이사한 지 수십 년,

엄마, 저 며느리 봤어요
아들 며느리 앞세우고 인사하러 가는데
가슴에 쌓인 그리움은 삭을 줄 모르고
눈 초점이 점점 흐려진다

엄마, 요즘 똑똑한 전화가 나왔어요
우리도 이제 화상 전화해요
손만 대면 엄마 얼굴 내 얼굴 매일 볼 수 있어요
엄마 집에 가서 전화할게
꼭 대답해 주세요

식사

점심을 먹으러 한정식 집으로 갔다
상마다 앉아 식사를 하며 이야기꽃이 한창이다
와글와글 잔칫집 분위기다
한 공간에 앉아 밥을 먹고 있어도
눈길 한 번 주지 않는 것을 보면 모두 남이었다

창밖을 내다보았다
연인처럼 짝지어 구름은 흘러가고
낙엽은 툭툭 떨어져 갈 길을 찾은 듯 짝지어 굴렀다
희미하게 창문에 비치는 얼굴들은
나를 좋아하는 사람들이다

밥이 들어왔다
군침이 돌았다
밥상 위에 나란히 놓여있는 숟가락
누구의 입속을 수없이 드나들었던 숟가락들
하루 종일 몇 사람에게 밥을 떠먹여 주었을까

　그동안 어찌 지냈냐고 숟가락에게 인사하는 사람은 아무도 없다

〈
숟가락을 꼭 쥐고 만나서 반가웠어 악수를 했다
눈과 손이 즐거운 시간이었다

엄마의 숙제

엄마는 밭에 일하러 갔다
학교 갔다 오면 저녁밥을 지어 놓으라고 했다

엄마 숙제도 해야 하고
선생님이 내준 수학 숙제도 해야 했다
해가 서쪽 산 귀퉁이에 걸쳐있다
엄마 숙제부터 해야 겠다

저녁은 애호박 만둣국
텃밭에서 윤기 나는 애호박을 따왔다
채를 썰어 소금에 절여놓고
파 송송 부추 송송 양파 송송 넣고 소를 만들었다
맛을 보았더니 양념이 부족하다

식구들에 대한 마음을 하나하나 넣고 간을 맞추었다
작은 만두가 동생 만두
큰 만두는 엄마아빠 만두

 저녁상에 둘러앉아 식구들이 땀을 흘리며 만둣국을 함께 먹었다

땀으로 무거운 마음을 씻어버리고
서로를 바라보며 눈웃음쳤다

절을 한다

숨이 차다
비탈길만 걸어와서 숨이 차다
이제 평짓길만 남은 줄 알았더니 또 비탈,
그 사람이 아프다
나의 얼굴에 흑 바람이 불었다

척척박사 박수무당 찾아갔다
점괘는 생일 달에 꺼져가는 불이라고 했다
길에서 쓰러지면 몹시 위태롭다고 했다
내 얼굴엔 먹구름 또 먹구름

용하다는 역술원 또 찾아 헤매었다
똑같다 생일 달 넘기기 힘들다고 했다
한 가지 방법은 부적을 쓰라고 했다
부적 값에 놀라 머리를 흔들며 나왔다

작년 생일에도 살았고 올 생일에도 살아 있다

비탈길도 평지로 알고 절을 한다

지하철역 에스컬레이터

새벽부터 지하철역으로 몰려드는 사람들
눈동자에 별이 뜬다

모두 내 등을 밟고 오르내린다
내 몸에 닿는 무게가 발걸음마다 다르다

행복이 담긴 웃음 발자국
고단함이 묻어있는 무거운 발자국
슬픔으로 얼룩진 발자국

지하철 문이 열린다
사람들이 쏟아진다

"뛰지도 마세요
걷지도 마세요
두 줄로 서서 가세요

신음하며 병들어도
모두를 안아주는 지하철역 에스컬레이터

제 남편이에요

한 번도 본 적 없는 그 남자와 커피를 마셨다

커피 속엔 설탕 대신 달콤한 생각이 들어 있었다
쓴 커피는 시간이 갈수록 간이 딱 맞았다

어느 날 부터였을까
살도 피도 섞이지 않은 그 남자를 보살피고 있었다
좋아하는 음식은 한 번 더 주려고 내 입엔 넣을 수가 없었다
노른자 터진 계란 후라이는 내 것이고
안 터진 예쁜 것은 그 남자 것이다
몸에 좋다는 건강식은 그 남자만 주었다

언제나 잔반 처리는 내 몫이었다

그 남자가 아프다
아무도 모르는 척했다
그 남자, 나와는 피도 섞이지 않았는데
왜 책임을 져야 할까

자꾸만 건드리면 곧 터질 것만 같았다
부글부글 끓어올라 넘칠 때도 참 많았다

오늘도 그 남자를 위해서 간식을 준비하고 있다
그 남자가 바로 제 남편이에요

체육관은 물리치료실

이불을 꼭 끌어안고 연애 중인 새벽 5시
따뜻하다 보드랍다 더 안겨 있고 싶다
가까스로 뿌리치고 현관을 빠져 나간다

약속이나 한 듯 체육관에 모여드는 이웃사촌들
따끈한 모닝커피 한 잔 들고
'오늘도 건강하게 좋은 하루 보내세요'
덕담 속에 건강이 모락모락 피어난다

하나, 둘, 셋,
스트레칭으로 몸 마디마디 풀어준다
움츠리고 있던 세포들이 기지개 켜며 웃는다
모세 혈관도 꿈틀거린다
몇 갈래의 근육들이 불끈 올라온다

온몸의 불청객은 유산소로 태우고
올록볼록 중부전선 복근으로 만든다

거친 숨 몰아쉬며 컥컥대는 심장을 가라앉힌다
뼈 마디마디 살가운 웃음소리
살이 깨지는 아우성 소리

커피 의존증

개미가 행군하듯 줄지어 선다
아메리카노 한 잔 주문
40분 만에 빨간불이 번쩍, 벨이 울린다

쓴 커피 홀짝홀짝 마시는 시간
내 안에 언어들이 줄지어 튀어 나오려고 아우성친다

옆자리는 와글와글 남대문 시장
한쪽 귀퉁이엔 노트북 놓고 업무처리에 바쁜 청년
또 한쪽엔 독서실인 양 시험 공부하는 학생
빨리 변화되는 문화에 숨이 차다

스무 살 때의 나는 밥알이 동동 뜬 살얼음 진 식혜나
곶감과 잣이 둥실 둥실 뜬 수정과 주의자였다
커피와 피자, 케이크는 거절했었다

어느새 나도 커피 의존증에 걸렸다
오늘도 까만 커피 잔 속에 내 얼굴 비친다
한 잔의 여유를 마시며 유년의 내 이야기를 만져본다

골수

바람결에 사라져 버릴 것 같은 사람
눈물 한 방울 흘릴 기력도 없는 사람
막막한 어둠만 바라보고 있는 사람

건조하게 번져가는 날들

갈림길에 서 있는
형의 검은 눈물을 닦아주고 싶었다
나는,
형을 힘껏 잡아당겼다

어찌 보고만 있으랴
나의 진한 핏줄인 것을

아픔을 토하면서 나의 골수를 넣어주니
환상의 드라마처럼
형은 웃고 있었다

가을바람 한들거리는 살살이 꽃길을

두 손 꼬옥 잡고 옛 이야기 나누며 웃으며 함께 걸어가요

형, 형아

또 다른 나

거울은 말이 없고 나도 내 모습 본 적이 없다
거울, 너를 믿을 수 없어서
나는 옆 사람에게 물어 보았다
'저 거울 속에 비친 여인이 내가 맞습니까?'
'일란성 쌍둥이처럼 똑 같습니다'

그때 거울 속의 나를 다시 바라본다
유년 시절 예뻤던 모습은 보이지 않고
정리 안 된 서랍장처럼
헝클어진 머리카락, 분주한 내 생활이 거기에 있다

예쁘게 화장하고 여유 있게 웃는 모습을
거울 속에서 다시 보고 싶다

거울 속엔 늘 내가 있다

시 잔치가 열린 날

강동구 선사 유적지에서 가을 축제,
시 잔치가 열렸다

만찬의 식탁에 앉아
여러 편의 시를 골고루 꼭꼭 씹어 보았다

숙성된 구수하고 깊은 맛이 났다
독특한 양념을 씹을 때마다
톡톡 터지는 상큼한 맛이 입안에 가득했다

내가 만든 음식은 늘 설익었다
짜지 않으면 싱겁고 시지 않으면 떫었다

어설픈 솜씨의 새댁
중년쯤 되면 간을 잘 맞추어
감칠맛 나는 밥 한 끼 지을 수 있을까

2부

체온의 온돌방

찬바람이 분다
머리는 바람에 헝클어지고
손이 주머니 속으로 들어간다

2호선 순환 열차를 탄다
빈자리에 흘리고 간 체온이 앉아 있다
한 번도 본 적 없는 이의 체온
따뜻한 온돌방이다

지하철 따뜻한 의자에서 엄마가 생각난다
눈이 쌓여 냉기가 느껴지는 새벽
하얀 수건을 머리에 쓰고 아궁이에 군불 때는 엄마

지하철은 땅속에 안겨 낮과 밤이,
엉켜 있는 철길 따라 달리고 있다
차가웠던 몸이 사르르 녹아내린다
무거운 눈을 내려 감고 꾸벅꾸벅 존다

긴 시간 꾹꾹 짜 모은 체온으로
낯모르는 누군가를 위해
온돌방을 만들어 놓고 내린다

글을 꿰매는 사람들

참 좋은 인연으로 당신들을 만났습니다
같은 길을 걸어가는 사람들과 어울려,
날마다 글밭을 찾아 헤매었습니다

허기를 움켜지고
퍼 넣어도 퍼 넣어도 채워지지 않는 뱃속

글 물은 시나브로 붉게 물들어가고
음악처럼 흐르는 하루가 참 좋았습니다
문학 공부하면서 시인이란 이름표도 달았습니다

생각이 같고 대화가 통하고
눈빛 하나로 마음을 읽어주는 당신들

커다란 머그잔에 담긴 커피 향처럼,
우리들의 우정은 가슴 깊이 자리 잡고 있었습니다

진정한 사랑은 유통 기한이 없습니다

고향 길

한 계단 두 계단 긴 계단을 올라갔다
손 내밀어 누군가 꼭 잡아줄 건 만 같았다
유년의 덮개를 벗으며 고향으로 달려갔다

하늬바람 미친바람 이리저리 날려 보내고
파란 하늘이 눈앞에 펼쳐졌다
고향은 설레임에 가슴 찌릿했다

유난히 반짝이는 은빛 억새 꽃
너와 내가 거닐던 고향 길,

바람에 떠밀려
서로 다른 길을 가야만 했던 우리는

산모퉁이 삼거리 길에서
가물거리는 그 발자국 따라

흩어진 그리움을 내 옆에 앉혀놓고
가슴에 두 손 얹어 꼬옥 보듬었다

마늘 육 남매

뽀얀 알몸 누가 볼까 봐 땅속 깊이 숨었다
꽁꽁 언 흙 이불 덮고 겨우내 웅크리고 봄을 기다렸다

샛바람 불어오는 소리
파란 새싹 종종걸음 치며 기둥을 세웠다

튼튼한 기둥 부여잡고 하얀 속살 가득 채운 마늘 육 남매
대롱대롱 매달려 붙잡아도
엄마 기둥은 시나브로 말라 쓰러졌다

동서남북 쪽쪽이 흩어져 출가한 우리 육 남매
오늘 함께 모여 봄나들이 가는 날
굽은 등, 넓어진 가랑이 휘청이며 걸었다

사그라진 엄마의 기둥 모습이 보였다

마술사

추운 날은 나를 불러 해님 앞에 놓고
슬픈 날은 나를 불러 웃음 꽃밭에 놓고

그래서 친구가 좋아

가슴에 맺힌 응어리 푹 삭혀주고
답답한 가슴 시원 하게 풀어주는

그래서 친구가 좋아

가슴속 얽힌 사연들을
하나씩 꺼내 펼치다보면
하얀 얼굴에 미소가 가득하다

그래서 친구가 좋아

마주앉아 커피 마시며
봄날 같은 포근한 말 한 마디가
내 복잡한 머릿속을 깨끗이 씻어 주었다

우리의 우정이 아니고서야

며느리의 첫 생일

푸드득 푸드득 날갯짓하며 우리 집안으로 날아온 새 며느리
며느리의 첫 생일날
가족이 모여 축하해 주었다

나는 미역국을 끓이며 많은 생각을 했다
여자는 결혼하면,
시댁의 풍습을 새로 배워야 그 집안이 편안했다

나는 시어머님에게 전수 받은
콩나물과 국수

깨끗한 물만 주면 무럭무럭 잘 자라는 콩나물,
자식들이 명 길게 잘 살라고 긴 가락국수

노란 단호박으로 동그랗게 레이스 달고
대추로 수놓고 건포도로 축 생일 쓰고
마음까지 시루에 담아 쪄서 멋진 떡 케이크를 만들었다

〈
만찬의 상을 차려 주었더니
며느리가 뒤에 서서
나의 허리를 꼭 끌어 안아 주었다

좋은 인연으로 맺어진 부모 자식 사이
어머님이 아닌 어머니로 며느리가 아닌 딸로
처음과 끝이 같은 길로 웃으며 걸어가자

바라보는 눈

그녀는 혈을 찾아 두 손으로 다리를 지그시 누르고
손님의 눈을 바라보며 강도를 확인했다
뭉쳐있던 혈을 마디마디 풀어주니
온몸은 보들보들 명주 이불 이었다

백화점 매장에 마네킹이 입고 있는 코트,
그녀의 눈은 아부재기 치고 마네킹만 바라보다 충혈 된 눈

딸 하고 재래시장 골목을 지났다
붕어빵 냄새에 실룩거리는 코,
붕어빵 모녀는 붕어빵 하나씩 들고 마주 바라보며 웃었다

해가 서산에 서성거릴 때 그녀의 호미질이 더 빨라졌다
달그림자 바라보며 종종걸음으로 집에 왔다
그녀의 땀 냄새가 시간이 갈수록 밥상의 꽃이었다

〈

　그녀가 공기 좋은 산속에 황토 집 짓고 이사한 지 수십 년,
　그 나라는 전화도 없는지 연락이 끊겼다
　눈보라 칠 때 그녀의 따뜻한 방은 있는지
　무릎은 투덜대지 않는지 틀니는 종알거리지 않는지
　벽에 붙은 사진만 바라보며 안부를 묻고 또 물어보았다

밤이 길다

잠자리에 나란히 베개 두 개
그이의 냄새가 배어 있는
베개를 만지작거리다 잠이 들었다

악몽의 통증에 잠을 설쳤다
아직도 한밤중
뒤척이다 그이와 눈이 마주쳤다

"당신도 아직 안 잤어?"

닿지 않는 팔을 길게 뻗었다
그이의 부드러운 손을 잡아보려고
젖 먹던 힘까지 다 썼다

그이가 누워 있는 326호실
나, 왔어
나, 갈게
눈으로 웃고 입으로 당신을 삼켰다
집에 오도록 가슴으로 울다

속옷이 척척하게 젖었다

우리의 행복한 꿈을 만들어
당신 꽃방석 깔아놓고
나,
그대 기다리고 있을게
조금만 참아, 힘들어도 조금만……

번진다 번져온다 공기가 아프다

왕관처럼 생긴 코로나 바이러스19
몸무게도 없는 것이 눈에 잘 보이지도 않는 것이 세계를 강타했다
정부와 담당자들이 빠른 치료 방법과 해결책을 찾으려고 많은 노력을 하고 있다

화창한 비극의 봄날, 집에 갇혀 있는 하루가 지루하고 답답했다 베란다 유리창 너머로 시선을 던졌다 앞집 베란다에 있는 강아지도 심심한지 깽깽 거리며 유리창만 긁고 있다 목련이며 벚꽃이며 천사의 모습, 길가의 민들레는 마스크를 안 써도 코로나 바이러스에 걸리지 않고 해맑은 노란 웃음을 행인들에게 선물한다

건조한 점심 한때 콩나물밥과 달래간장을 만들어놓고 추억이와 그리움을 불렀다 3인용 식탁에 모여앉아 큰 양푼에 참기름 넣고 썩썩 비벼 먹었다 커피 한 잔 마시며 추억이가 유년시절의 이야기를 나누며 깔깔 웃었다 우리 3총사는 영화 보고 걸어오면서 과수원에 들

러 사과 한 봉지 사들고 아삭아삭 먹으며 걸어왔지!
이야기를 듣고 있던 그리움이 고개를 끄덕이며 또 깔
깔 웃었다

　자유로운 일상들이 우리의 큰 행복이었다

빗속의 그림자

햇볕은 매직구름 속으로 숨어버리고

장대비가 쏟아졌다

창가에 멍하니 앉아 밖을 내다보고 있었다

울 엄마가 우산도 없이 굵은 빗줄기를 잡고 오신다

반가워서 나도 모르게 맨발로 뛰어나갔다

엄마, 엄마! 불러 봐도

아무도 보이지 않았다

엄마의 발자국인 듯 거기 고인 빗물이

한 발 두 발 먼 기억 속으로 흐른다

사당 차례

이 씨 집안 어른들이 새사람 들어왔다고
사당에 모여 조상에게 인사드린다
신랑은 사모관대에 관복 입고
목화신 신고 두 번 절을 했다
신부는 원삼 입고 족두리 낭자하고
큰 수건으로 손을 가리고 네 번 절을 했다
조상의 순서대로 국수를 올리고
네 번씩, 일곱 조상에게 스물여덟 번 절을 했다

며느리 예복차림 어여쁘다
내가 새아가처럼 서 있던 그 자리
나는 어느새 시어머니 자리로 물러나 있었다
가을바람에 떨어져 쌓인 단풍잎을 주우며
가만가만 세월을 만져보았다

아버지의 굽은 등

큰 바위에 기대어 올라가는 송악나무
혼자 서지 못하고 등산하듯 붙잡고 올라갔다

나는 벌겋게 까진 등을 보았다
바위는 튼튼해서 매달리고 올라가도 괜찮은 줄 알았다

산비탈 노송처럼 구부러진 아버지 등
저고리 등 섶이 올라가 허리띠가 보일 때야
아버지 등이 굽은 걸 알았다

설풋한 잠속에서 꿈을 꾸었다
배꽃이 활짝 핀 고향집 마당 섶에
여전히 구부정한 아버지 모습
봄날 같은 목소리로 우리 육 남매 부르는 소리

철부지 우리들이 기대어 오를 때
아버지 등은 소리 없이 휘어졌다

어른 되는 날

가을바람 연주에 맞춰 한 발 두 발 걸어가는
신랑 신부
살기 좋은 집처럼 포근한 남편이 되겠다고 했다
몸에 맞는 옷처럼 편안한 아내가 되겠다고 했다

늠름하고 아름다운 두 사람이
어른으로 태어나는 날

엄마도
무한한 기쁨으로 축시를 낭송하며 또 다른 어른이
되어갔다
가슴에 기쁨 가득
손끝엔 사랑 가득

사랑 두 글자의 힘으로 희망 나무을 심었다
이듬해 봄 햇살 받아 희망의 꽃이 활짝 피었다

젖무덤

　남이섬 유원지엔 양편에 쭉 늘어선 전나무들이 있었다 푸른 제복을 입은 씩씩한 군인들이 행진하는 모습이다 그녀는 쌍둥이 아기들을 데리고 나들이 나왔다 그녀는 여기저기 두리번거리며 무엇인가 찾았다 아기들이 배가 고파 보채는 듯싶었다 한적한 그늘을 찾아 그녀는 부끄럼 없이 40cm는 넘어 보이는, 허연 젖가슴을 풀어 헤쳤다 그녀의 젖무덤은 산봉우리처럼 솟아 있었다, 젖 물도 솟구쳐 쏟아졌다 한 녀석은 그녀의 툭 튀어나온 큰 엉덩이에 올라서서 어깨 위로 휙 넘긴 한 쪽 가슴을 잡아 당겼다 또 다른 녀석은 가슴에 축 늘어진 호로병을 잔뜩 움켜쥐었다 누구에게 빼앗길세라 세상을 다 차지한 듯 젖줄을 빨고 있었다 그렇게 환하게 웃는 쌍둥이 엄마의 모습은 풍성했다 남이섬 유원지가 껄껄 웃고 있었다

주머니를 버리다

설악 오색온천 60도 황토방
116도의 불가마 속이었다
내 살갗을 뚫고 소금물이 흘러나왔다

가슴 한구석에 심술주머니
불쑥불쑥 기분대로 내뱉는 말 주머니
꾹꾹 눌러 담은 화 주머니
불가마 속에서 꽉꽉 짜버렸다

깨끗해진 내 몸이 다시 물들까 봐
온천물로 구석구석 씻어냈다

나는 새사람으로 다시 태어났다

황혼 속 신혼

비바람을 막아주는 파란 터널을 만들었다
터널을 걸으며 흔들리지 않는 삶을 설계했다

웃음과 웃음을 모아 꿰매도 한쪽이 늘 모자랐다
종종걸음 치며 걸어온 시간들, 툴툴거리며 그 한쪽을 채우기 위해
뒤돌아볼 틈이 없었다

날갯짓 배우던 고물고물한 새끼들은 다 컸다
자식들을 짝지어 새 보금자리 만들어 들여보내고
숨 한번 크게 내쉬었다

다시 찾아온 둘만의 공간

솟은 해가 물었다
너는 지금 행복하니?
라면 끓이는 냄새만큼이나 행복하다고 귀엣말로 속삭였다

〈
싱그러움은 없어도
못생긴 모과가 농익을수록 향기가 더 진하다는 걸,
한 박자 느린 걸음이 우리의 삶을 살찌게 했다

우리는 서로를 보듬으며 옹이 박힌 두 손 꼭 잡고
살랑거리는 들 꽃길을 천천히, 천천히 걸으리라……

친구와의 약속

꽃들의 웃음소리 들판에 가득하고
친구의 웃음소리 가슴에 가득한 날

지난 날 갇혀 있던 꿈,
새로운 감각으로 미래를 향해
걸어가자던 너와 나의 약속

내 말은 눈처럼 녹아버리고
내 귀는 점점 가난해졌다

비에 젖어 비틀린 가죽처럼
틀어진 두 마음
다리미로 애써 다려 보아도
좀처럼 펴지질 않는 주름살

"우정세탁소에서"
구김살 없이 활짝 펴진
마음이 배달되길 기다리고 있다

3부

참깨

자식에게 거름으로 살아오신 어머니
그 양분 받아 파란 싹을 틔우고 쑥쑥 자랐다

'딸아 보고 싶다 엄마가 참깨 사놨다'
'3일 있다 갈게요'

그 며칠을 못 참으시고
8월의 가을 햇빛 베고 먼 길 떠나셨다

노란 새끼 못 잊어 마냥 품고 있을 줄 알았다
어깨 위에 실린 짐이 너무 무거워
홀몸 되고 싶으셨나!

다시는 받아보지 못할 마지막 선물
냉동실에 꼭꼭 숨겨 둔 지 20년

어머니가 보고 싶을 때
꺼내서 꼬옥 안아보았다

우리 육 남매 품어주신 그 숨결이 깨 속에 묻어 있었다

웃음 낚시

혼자 웃었다
재미가 없다

형 하고 같이 웃었다
또 재미가 없다

웃음 낚시를 던졌다
낚싯대에 웃음이 많이 걸리길 바랐다
찌가 흔들렸다 재빠르게 잡아 당겼다
작은 웃음 하나 걸렸다

동생 하고 셋이 웃었다
그래도 재미가 없다

이번엔 낚싯줄을 멀리 던졌다
낚싯대가 휘청거렸다
웃음이 가득 잡혔다
모두 웃었다
웃음바다가 되었다

검정 두루마기

어머님은 장롱 서랍에 깊숙이 넣어둔 보물 상자를 꺼냈다
아끼느라 입고 외출 한 번 못해본 검정 두루마기,
밝은 불빛 아래 화사하게 웃고 있다

다섯 며느리 중 막내며느리에게 주고 싶은 어머님

새아가
너에게 맞는지 입어봐라
며느리에게 입혀 주고 꼭 맞는다며 흐뭇해했다

검정 두루마기,
좀 벌레가 마른기침을 하며 사각사각 갉아먹었다
동그랗게 뚫린 구멍 속으로 어머님의 서운한 시선이 뚝뚝 떨어졌다

아까워서 쓰다듬고 또 만져보는 어머님 앞에서,
철부지 막내며느리는 다행이라며 속으로 웃음을 삼켰다

두루마기 솔기마다 고단한 삶의 일상들이 매달려 나풀거렸다

달

미루나무에 걸쳐 있는 달을

똑, 따서

책상 위에 걸어놓고

깊은 생각에 잠긴다

서랍 속 만년필을 꺼내어

오늘 밤에

잊을 수 없는 추억 한 장을 기록한다

도마와 칼

내가 있는 곳엔 언제나 네가 있다
우린 단짝 요리 디자이너

너와 내가 장단 맞춰 뚝딱뚝딱 디자인 해놓고
갖가지 모양과 색의 조화를 이루는 풍성한 음식들
식탁 위에 만찬의 꽃들
제각기 입맛대로 골라 먹는 식구들

휴일도 휴가도 없는 우리
찍히고 터진 상처가 아물 날이 없다
눈을 반쯤 감고 어제의 아픔을 기억한다

우리를 기다리는 시간에 만족하고
내일의 기쁨을 맞이한다
떼어 놓을 수 없는 우리는
도마와 칼 부부

멸치

가느다란 몸으로 지느러미 날갯짓을 하며 파도를 탄다

굵어질 틈도 없이 그물에 걸렸다
생의 마지막 길에서 두 눈을 동그랗게 뜨고,
푸른빛 바다를 추억하고 있다

바람 따라 햇볕이 쫓아와 뽀얗게 말린다
건어물 가게에 뻣뻣하게 누워 있다

생선 축에 들지 못하는 멸치
어시장 좌판 위에 올라가 누워보지도 못한 멸치

다시마와 짝꿍 되어 온몸의 엑기스를 뽑아낸다
약방의 감초처럼 국물 음식에 맛을 내는 덴 최고다
마지막 퉁퉁 불은 몸까지 고양이 밥이 된다

'당신들은 내 몸처럼 감칠맛 나는 삶을 살아보셨나요?'

삶은 고스톱

시작과 끝 사이에 평탄한 길은 없다

한 때는 쓰리 고 같은 삶
한 때는 피박 같은 삶
또 한때는 고도리 같은 삶

굽이굽이 펼쳐지는 시간 속에서
서걱거리는 톱밥 같은 날
울음과 웃음이 섞이는 날

단단한 근육으로 뭉쳐진 길

시작과 끝 경계의 길에서
여유롭게 웃으며 걷고 있다

수산시장

바다 친구들이 입을 뻐끔거리며 줄지어 들어왔다

푸른 등불 아래 싱싱한 척 동그랗게 눈을 뜨고 있다
어둠이 찾아든 밤
냉장고 바닥에 차곡차곡 서늘하게 누워 있다
생생한 죽음의 전쟁이다

빨래처럼 걸려 있는 마른 문어다리
몸통은 어느 집 귀신이 되었을까,

파닥거리던 새우도 박스 안에서 느리게 부패되고 있다
수증기 속의 멸치 부드러운 죽음으로 누워 있다

바닷속 너울너울 선명한 삶의 한때
푸른빛이 일렁거린다

모두 부활의 꿈을 꾸고 있다

안경

동그란 쌍둥이 호수,
징검다리에 걸터앉아
호숫가에 그리움 하나 퐁당 던졌다
동그랗게 퍼져가는 액자 속에
어머님 얼굴 보인다

물비늘 속에 천천히 사라져간 어머님,

물끄러미 맑은 물 들여다보다,
물속에 내 얼굴 비추는
물거울 하나 건져왔다

시와 터치 중

서점에서 너를 만났다
꿈속에서 보았던 너였다

불빛 앞에서 너와 눈이 마주치니 눈이 즐거웠다
종알거리는 글자들이 뇌를 건드리며 내게로 들어왔다
머릿속에는 새싹들이 가만가만 돋아나기 시작했다

연초록빛 바람이 불어오니
초록 꽃이 언어로 활짝 피는 날

아침 햇살이 허한 방 안을 채우듯
너는 내 안을 가득 메워주었다

마른 스펀지에 물이 스미듯
나는 너에게 푹 빠져 들었다

다가갈수록 외면하는 너를 보면서
떠나고 싶었지만

〈
마음과 머리는 따로 따로
다시 너를 향해 한 발씩 다가갔다

나는 밥 대신 시를 먹었다

연필

천오백육십사 년에 나는 영국에서 흑연으로 태어났다
수백 년 긴 역사를 파랗게 싹 올렸다
흑백의 연필은 나라마다 최고의 꽃이였다
세계 사람들의 관심을 독차지한 나
사람들은 외출할 때도 꼭 나를 챙겼다

어느 날부터 나는 볼펜에 밀리고 컴퓨터에 차였다
외롭고 불안전한 생활이 시작되었다

나는, 상처를 깨끗이 성형해주는 단짝 지우개가 있다
하지만 너희들 흉터는 지울 수 없잖아

나를 찾는 친구가 줄어들긴 했지만
땅별 어느 곳에서나
지금도 전 세계의 사랑을 받고 있다

인터넷 백화점

마우스로 창을 열면 그 안엔 바다만 한 시장이 있다
파도를 타고 전 품목의 장이 펼쳐진다
마음대로 고르고 골라 장바구니에 담는다
출렁이는 가격 변화
눈동자가 좌우로 반짝인다
좋은 상품
최저가 품절
쏴아
밀물되어 쓸고 간다

낚시에 걸린 물건들
바람타고 집으로 배달되었다

장바구니를 연다
샴푸 주방세제 유연제 세탁비누
쌀 체리 토마토 사과 참외 수박 오이 당근
며칠은 걱정이 없다

손가락만 까딱하면 다 해결되는 인터넷 백화점

초보 촌부

옆집 아저씨네 텃밭
소는 주인의 눈치를 먹는다
이랴 소리에 맞춰 밭가는 소리가 들린다
감자 싹이 파랗게 올라왔다
시험 때 커닝하듯 초보 촌부는 얼른 감자를 심었다
밭둑에 강낭콩도 심었다

저녁 한때
구수한 엄마의 땀 냄새와 풀벌레 우는 소리,
부드러운 유년의 기억이 펼쳐졌다

유월의 햇볕은 감자와 강낭콩을 출산시켰다
엄마의 감자범벅 레시피를 가만가만 더듬어 보았다
감자와 강낭콩 달콤한 범벅이 식구들 입맛을 자극했다

텃밭에 잡초들은 주인의 눈치를 삼키고 무성하게
자랐다
촌부의 호미는 초침과 싸우며 잡풀을 먹었다
초보 촌부의 하루는 늘 짧기만 했다

촛불

자신의 몸을 태우면서 어둠을 밝히고 있다
불타는 아픔의 시간들이 눈물을 뚝뚝 흘린다
몸이 작아지고 노란불이 흔들릴 때마다
살이 녹아내리는 고통을 참고 또 참는다

어둠에 빠져 허우적거리는 사람들에게
희망의 불빛이 되어 본 적이 있나요?

더덕 장수 할머니

지하철역 계단에 쪼그리고 앉아
더덕을 깐다
역사 안으로 구석구석
짙은 향기가 걸어 다니며
행인들 발걸음을 잡는다

빠른 손놀림 속에 보이는 까만 손톱
할머니의 고랑 진 삶이 담겨 있다
갈 길은 멀고 해는 서산에 서성거리는데
굽은 등줄기에 진땀이 흐른다

한때는 더덕 향기만큼 좋은날도 있었다고,
어머니 초유 같은 달콤한 삶도 있었다고,

비닐봉지 속에 나란히 누운 더덕이
하얀 눈길로
주름진 얼굴을 그윽하게 쓰다듬는다

내시경

불꽃을 입에 문 까만 뱀
식도 문을 열고 살금살금 터널을 기어간다
비린내가 역겹다
눈물 나도록 토해 버리고 숨을 고른다
불꽃을 밝히고 적군을 찾는다
빨간 별이 보인다
적군이 공격한 자리!
그 상처에 약을 발랐다

불을 밝히고 까만 뱀이
또 하나의 긴 터널 속으로 살살 기어들어간다
더 어두운 곳까지 구석구석 탐색한다
터널 벽에 매미처럼 착 붙어 있는 것이 보인다
어, 적군
까만 뱀이 동그란 방울 하나 물고 나왔다

오늘은 내 몸속까지 숨김없이 들킨 날

창문 너머 숲속 이야기

  나무들도 아직은 푸른 잠을 자고 있을 터인데 새벽부터 누군가 자고 있는 나의 귀를 잡아당겼다 벌떡 일어나 눈을 비비고 바라보았다 장끼가 까투리 부르는 소리였다 이맘때면 우리 뒷산엔 금슬 좋은 꿩 부부가 흰 스카프 멋지게 목에 두르고 찾아왔다 진초록 주름치마 축 늘어진 푸른 계곡 호텔에서 은은히 들려오는 뻐꾸기 소리 들으며 새털구름 한 조각 살포시 깔고 꿀맛 같은 사랑을 속삭였다 마침, 그 위를 날던 호기심 많은 까치가 고목나무 벤치에 살짝 걸터앉아 그들 사랑놀이를 살금살금 훔쳐보았다 그 숲속엔 아비 닮은 흰 스카프를 두른 고물고물한 새끼들이 맑은 물 흐르는 수영장에서 참방 참방 물놀이하고 있다 막 얼굴을 내민 아침 햇살이 나뭇가지 사이로 비쳐주고 있다

4부

무장다리 꽃

먹다 남은 무우를 냉장고에 넣어두었다
며칠 뒤에 꺼내 보았다

냉장고 바닥에 서늘하게 누워
마른하늘에 빛을 모아
노란 잎이 힘없이 돋아나고 있었다

다리도 없는 불구의 몸,

접시에 심어 창가에 올려놓았다
통통하게 살찌우며 파란 잎 사이로
보랏빛 꽃망울이 조롱조롱 매달렸다

밑동은 썩어가도
가지마다 꽃들은 웃고 있었다

자식들 웃음소리에
함께 웃는 어머니,
어머니 몸속에 갇혀 있던

삶의 찌꺼기를 배설하지 못하고
밑동은 까맣게 썩어
진물이 흐른다

그녀의 꽃밭

아늑한 붉은 밭에 아기씨 하나 떨어졌다
새싹이 고개를 내밀었다
여성들의 붉은 밭에서 각양각색 새싹들이 쏟아져 나왔다
대대손손 대가족을 이루어낸 거대한 꽃밭이다

마지막 생리가 끝난 그녀
여자만이 갖추고 있던 주머니를 비워낸 후
젖은 빨래처럼 온몸이 축 늘어졌다
지난날의 모성을 다시 더듬어 보아도 마음뿐이다

그녀는 체육관으로 달려갔다, 평생 교육원으로도 달려갔다
푸석푸석한 몸과 마음을 근육질로 바꾸고 싶었다
건조했던 삶이 다시 촉촉해졌다

다시 피어난 그녀의 꽃밭

하늘 공원

햇볕 맞으며 반짝이는 억새꽃 동산

가을이 걸어가는 공원 한 켠에서
그늘을 끌어와 쓰고 앉았다
단골로 드나드는 초록바람도 데려와 같이 앉았다

까맣게 기름진 동생 머리
희끗한 내 머리
하얀 명주실 나풀거리는 엄마 머리
가을 햇볕처럼 함께 웃고 있었다

어스름한 저녁,
세 모녀가 찻집에 마주앉았다
뜨거운 찻잔, 수증기 사이로
유년의 추억을 건져 올리며

도란도란 이야기보따리를 풀어놓았다
웃음보따리도 풀어놓았다

가을에 핀 영산홍

약혜비스 영산홍 한 그루
가지마다 고물고물한 새끼들이 쌀알처럼 박혀 있다
한 달 두 달이 지나도 꽃은 피지 않았다

오월의 꽃이 피는 시간을 버리고
약혜비스 영산홍은
사람들의 시선을 받으며 봄이 아닌
가을에 새롭게 태어나고 싶었다

부풀어가는 꽃망울을 다이어트 시키며
가을 문턱까지 질긴 근육으로 버텨왔다

초가을 마파람 맞으며
봉긋이 올라온 뽀얀 젖가슴 드러내는 꽃망울
뜰 위에서 파란 꿈을 펼치며 우뚝 선 약혜비스 꽃

나는 약혜비스 영산홍을 닮고 싶었다

구절초

높새바람 몰고 온 늦가을
된 비알에 구절초가 집성촌을 이루고 있다

쨍글 쨍글한 햇볕 속에
아홉 마디 맺은 아픔 이겨내며 구층탑 세웠다
9월 9일
벌 나비 한 바탕 놀고 간 뒤

먼 산 능선을 타고 내리는 안개는 하늘과 땅의 경계를 지웠다
아침저녁 차가운 공기가 교차되는 순간 보랏빛 향기는 짙어만 갔다

늦가을 들꽃과 나뭇잎이 시나브로 떨어지고
풀벌레 울음소리도 숨어버렸다

정원에 맞은바라기로 앉아
따뜻한 한잔의 차를 마시며
싱싱했던 구절초의 흔적를 더듬는다

날아가고 싶다

바위처럼 단단하게 박혀

어느 곳으로도 가지 못한다

몸에 맞지 않는 옷처럼 불편한

일상에서 벗어나고 싶다

파란 하늘에 새하얀 새털구름

너울너울 흘러가는 창공으로

날개를 활짝 펴고 훨훨

날아가고 싶다

다문화 가정

한국으로 입양된 아프리카 다육식물
잘사는 나라에 가서 예쁘게 살라고
엄마는 촉촉한 눈길 숨기며 나를 보냈다

'내 새끼들 어서 와'
햇솜처럼 포근히 반겨주는 새엄마
우리는 이층집에 옹기종기모여 자리를 잡았다
바싹 마른 마음을 천천히 삭혀가며 어둠을 보냈다

바뀐 환경 기후 탓일까
온몸의 갈라진 혈관들이 스멀거렸다

긴 시간을 먹고서야 몸이 충전되었다
눈엔 빛이 나고 얼굴은 윤기가 흘렀다

한여름 폭염, 베란다 온도는 39도
유리를 관통한 햇볕이 베란다에 쏟아졌다

엄마는 거실에 냉풍기를 틀어놓고

숨 막혀 컥컥대는 우리들을 거실로 불러 들였다
대가족이 거실에 모여 앉아,
다문화 가정 사랑의 꿈을 피웠다

마음 다이어트

그녀는 뉴욕의 딸네 집 뜨락에 수선화 여덟 그루를 심었다
노란 수선화 꽃이 활짝 피었다고 딸에게서 전화가 왔다

그녀는 그리움을 터앝에 앉혀놓고 딸의 손처럼 만지고 있었다
딸의 볼을 부비고 있었다

흐린 오후
무거운 마음을 다이어트 시키려고 수선화 여덟 그루를 사왔다
터앝에 예쁘게 심었다

내년 봄엔
서울에 터앝과 뉴욕의 뜨락에서
수선화 꽃이 마주보고 웃겠지

노란 그리움이 음악처럼 쉬어가겠지

모성

상자 속에서 바스락 거리는 소리가 난다
길게 뻗은 줄기에 새끼 감자 여섯 아기 조롱조롱 탱글탱글 달려 있다

손수건만한 베란다에 어미와 새끼를 심고
촉촉하게 물을 준다
활짝 웃는 뽀얀 얼굴, 파릇파릇 새잎이 핀다

쪼글쪼글한 몸에 해쓱한 얼굴
온몸의 양분을 새끼한테 빨리고 대근한 어미의 몸

여름이 머무는 터앝에
굵게 자란 육 남매가 어미의 품에 꼭 안겨 있다
껍데기만 남아 진물 흐르는 몸 내려놓고 어미는 눈을 감는다

메마른 상자 속에서 육 남매를 출산한 훌륭한 어머니, 나의 어머니

밥상에 핀 김치 꽃

조상들의 지혜로 대물림 받은 김치들
포기김치 보쌈김치 백김치 총각김치
갓김치 파김치 깍두기 동치미
뽀글뽀글 기포가 올라오면 발효된
톡 쏘는 김치의 맛은 영양 만점이다

김치볶음밥 김치찌개 김치 털래기 김치전
묵은지 생선찜 동치미국수 김치묵밥
다양한 요리로 밥상에 꽃을 피운다
현대인들의 입맛에도 김치의 맛은 변함이 없다

유네스코에 올라 대한민국을
전 세계에 알리는 자랑스러운
한국의 전통김치

보리

그녀는 보리밥을 시켜놓고 기다리는 중이다
과거의 일상들이 뇌를 자극하며 떠오른다
노란 양푼에 꽁보리밥, 건조한 점심 한 끼

생일날 아침,
그녀는 무표정한 얼굴로 밥상을 기다리고 있었다
상 위에 쌀밥 한 주발이 소복이 담겨 있었다
허기는 갈대처럼 날아가고
쌀밥에 미역국은 햄버거보다 화려했다

21세기에 금 수저 된 보리는
웰빙 음식으로 다시 태어났다

새싹보리는 건강식품,
그녀의 식탁 위에 주인처럼 앉아 있다

쓰레기장에 버려진 호접란

한 가닥 뿌리로 한줌의 흙을 찾으며
잎이 까맣게 말라가는 내게 한 여인이 말했다
'아가야 살아 있는 거지'

여인은 나를 안고 집으로 갔다
내 다리를 이끼로 감싸서 바크로 덮어주고
계속 수분과 양분을 넣어주었다

순간순간 이성을 잃은 엄마는 늘 폭언과 폭행을 했다
정신을 잃고 쓰러지면 물을 퍼 끼얹어가며 때렸다
온몸이 시퍼렇게 멍든 자국과 상처 투성이었다

오늘도 엄마는 술을 마시고 들어왔다
며칠 밥을 굶긴 나의 엄마, 엄마, 엄마
숨만 깔딱깔딱 쉬고 있는 나를
엄마는 죽었다고 쓰레기장에 몰래 갖다 버렸다

엄마는 시체유기 살인범

〈
언제면 아동학대 없는 세상이 될까

(바크, 나무껍질)

알콩달콩 새댁들

눈 덮인 매콤한 겨울날
가랑코에 가지 위에 빨간 별이
송알송알 내려앉았다

베란다 유리창에 비친 햇볕이 봄인 줄 알고
숨 가쁘게 달려와 터뜨린 꽃송이
밤에는 수줍어 얼굴 가리고
낮에는 환한 웃음으로 반겨주는

새댁들

더운 나라에서 한국으로 시집와
다문화 가정 알콩달콩
새 꽃송이 낳아 기르며
빨간 별이 되어 다시 태어났다

입양

그녀는 이웃집에서 꽃을 가져왔다
뿌리까지 바싹 말라 있었다
숨만 깔딱깔딱 쉬고,
꽃은 울음을 터뜨리며 만지기만해도 아파했다

그녀는 꽃을 화분에 옮겨 심고 물을 흠뻑 주었다
숨구멍이 조금씩 트이는지 생기가 돌았다
시간을 먹을수록 새잎이 파랗게 돋기 시작했다

풀처럼 자랐던 허기를 버린 듯했다
그녀는 시간 맞추어 밥도 주고 영양제도 주었다
통통해지는 가지마다 근육이 불끈불끈,

꽃망울 속에 숨어 있는 비밀,
그 소리에 그녀는 귀를 기울였다
'엄마 사랑해'
나도 '사랑해'

영상

큰길 옆에,
밀밭도 목화밭도 수수밭도 있었다
맨발로 흙 만지며 소꿉놀이하던 친구
둘이 밀밭에 들어가 밀을 따서 호호불어 껍데기 날려 보내고
한 주먹 입에 넣고 빨리빨리 씹으면 껌이 된다고
마주 보며 깔깔 웃어 댔다

내 안에 보관해 두었던
유년의 시간들을 천천히 꺼내본다
우리는 갈라진 방향으로 멀리 와 있다

한밤중 곤히 자고 있는 나를 흔들어 깨우는 그 친구

반짝거리는 까만 눈동자에 웃음 가득한 얼굴로
돌돌 말은 종이를
내 손에 꼭 쥐어주고 하는 말
'이거 다 니 사진이야'
'이건 내 사진이 아니잖아'

'그림 속의 멋진 여자들이 내 눈엔 다 너로 보이는 걸'

심장이 두근거리는 너와 나의
뒤늦은 꿈속의 만남
영영 못 잊을 영상이다

기억은 그네를 타고

 어서 오셔 선생님, 아파트 찾아오기 힘들지? 다 똑같은 집이잖아 우리 고향집은 기와집인데 감나무도 있고 살구나무도 있고 앵두나무도 있었지 시골집이 그리워 옆집 영수가 친군데 걔하고 늘 학교도 같이 다니고 걔 엄마하고 우리 엄마하고 친구처럼 살았지 맛있는 음식도 나눠먹고 그때는 다 맛있었는데 지금은 맛있는 게 없어 선생님! 과일 좀 들어 봐, 난 과일도 맛이 없고 밥도 맛이 없어 젊어서 꿀맛 같던 밥이 그립지 그런데 젊어서도 맛나고 늙어서도 맛난 게 있어, 그게 술이야 술 마시면 술술 잘 넘어가 기운이 없다가도 술만 마시면 힘이 생겨 이젠 많이 못 마셔 병원 의사가 끊어야 산다고 했어 그런데 공단 선생님 예쁘지도 않은 이 늙은이를 왜 자꾸 찾아와

 국민건강보험공단에서는 치매 노인 상태를 확인하고 등급도 주고 간병인을 파견하고 지원해준다 보험공단 직원이 오기만 하면 치매를 앓는 영민이 할아버지는 정신이 돌아온다 딸을 엄마라고 부르고 아들을 아버지라 부르는 것을 그만두고, 딸을 딸이라 부르고

아들을 아들이라 부른다

 영민이 아버지가 국민건강보험공단 직원이면 할아버지 치매가 완치될 텐데

장맛비

하느님이 샤워하시고
샤워꼭지를 안 잠그셨나!

세상은 깨끗이
세탁이 끝났는데

아직도 세탁기가 돌고 있다

온 세상을 탁탁 털어
빨랫줄에 널어놓고
햇볕에 말리고 싶다

■□ 해설

생명사랑과 운명에의 순응

이혜선(시인, 문학평론가)

1. 꽃의 시인 사랑의 시인

　신찬옥 시인은 꽃의 시인이다. 꽃의 엄마이다. 꽃의 엄마는 모든 생명의 엄마이다. 생명의 엄마인 시인은 이 세상 모든 생명에 대한 지극한 사랑으로 죽어가는 것들에 측은히 손을 내민다. 그들을 보살피고 간호하여 실낱같은 생명을 살려낸다. 그는 꽃을 통해서 사회를 보고 사람들을 보고 어떻게 살아야 할 것인가를 언어로 표현한다. 꽃을 사랑하는 마음으로 자연을 사랑하고 가족을 사랑하고 이웃을 사랑한다. 따라서 신찬옥 시인은 사랑의 시인이다. 그는 평범한 삶의 갈피에서 사랑을 길어내고, 생활에 충실하고 주어진 운명에 순응하는 가운데 감동적인 시를 길어내는, 좋은 시인이자 성실한 생활인이다.

2. 꽃과 자연 사랑

시인은 꽃을 통해서 사회를 진단하고 우리가 어떻게 살아야 할 것인가, 사회가 어떤 방향으로 가야 할 것인가에 대한 희망을 노래한다.

한 가닥 뿌리로 한줌의 흙을 찾으며
잎이 까맣게 말라가는 내게 한 여인이 말했다
'아가야 살아 있는 거지'

여인은 나를 안고 집으로 갔다
내 다리를 이끼로 감싸서 바크로 덮어주고
계속 수분과 양분을 넣어주었다

순간순간 이성을 잃은 엄마는 늘 폭언과 폭행을 했다
정신을 잃고 쓰러지면 물을 퍼 끼얹어가며 때렸다
온몸이 시퍼렇게 멍든 자국과 상처 투성이었다

오늘도 엄마는 술을 마시고 들어왔다
며칠 밥을 굶긴 나의 엄마, 엄마, 엄마
숨만 깔딱깔딱 쉬고 있는 나를
엄마는 죽었다고 쓰레기장에 몰래 갖다 버렸다

엄마는 시체유기 살인범

언제면 아동학대 없는 세상이 될까
(바크, 나무껍질)

−「쓰레기장에 버려진 호접란」 전문

한국으로 입양된 아프리카 다육식물
잘사는 나라에 가서 예쁘게 살라고
엄마는 촉촉한 눈길 숨기며 나를 보냈다

'내 새끼들 어서 와'
햇솜처럼 포근히 반겨주는 새엄마
우리는 이층집에 옹기종기모여 자리를 잡았다
바싹 마른 마음을 천천히 삭혀가며 어둠을 보냈다
(중략)
한 여름 폭염, 베란다 온도는 39도
유리를 관통한 햇볕이 베란다에 쏟아졌다

엄마는 거실에 냉풍기를 틀어놓고
숨 막혀 컥컥대는 우리들을 거실로 불러 들였다

대가족이 거실에 모여 앉아,
다문화 가정 사랑의 꿈을 피웠다

- 「다문화 가정」 부분

  신찬옥 시인은 유난히 식물을 사랑한다. 그 사랑은 생명사랑이며 사람 사는 사회에 대한 보편적 사랑으로 확산되는 큰 사랑이다. 시인은 쓰레기장에 버려진 호접란, 말라서 죽어가는 호접란 한 줄기를 통해 아동을 학대하는 세상에 대해 안타까워하며 비판의 날을 세운다. 버려진 호접란을 학대받다가 버려진 아동으로 환치시켜 아동학대 없는 세상에 대한 희망을 노래한다.
  「다문화 가정」에서는 아프리카 다육식물을 시적 화자로 하여 한 편의 가슴 따뜻한 에피소드를 보여준다. 어려웠던 우리나라의 가난과 궁핍은 잊어버리고, 지금 그들보다 조금 더 형편이 나아졌다고 잘난 척하면서 이주노동자들을 무시하고 학대하는 국민들에게 경종을 울려준다. 입양된 다육식물을 내 몸같이 보살피고 그들의 어려움을 배려하며 한 가족처럼 살아가는 모습을 통해 약자에 대한 사랑과 진정한 휴머니즘을 깨닫게 해 준다. 또한 「입양」에서는, 말라서 죽어가는 꽃을 이웃집에서 입양해 와서 살려내는 이야기를 시화하고 있다. 정성을 다하여 보살피면 그 생명이 생기를 얻어 보답하는 꽃을 피운다. 시인은 피어나는 꽃 속에 숨어있는 비밀스런 사랑고백을 들으며 행복하다. 이처럼 자연사랑은 세상 모두의 어미가 되는 생명사랑의 길이다.

> 마음이 건조할 때
> 터알의 꽃밭으로 간다
>
> 터알에 비가 내리지 않아도
> 꽃은 투덜대지 않는다
> 바람이 불지 않아도
> 쫑알대지 않는다
>
> 꽃들과 속삭이며 웃고 있는 동안
> 불편했던 마음이 사르르 가라앉는다
>
> 꽃은,
> 정신건강의학과 전문의다
>
> 그녀는
> 계절에 상관없이 늘 피는 웃음꽃을 처방받는다

- 「베란다에 꽃밭을 만들다」 전문

  그녀는 뉴욕의 딸네 집 뜨락에 수선화 여덟 그루를 심었다
  노란 수선화 꽃이 활짝 피었다고 딸에게서 전화가 왔다

  그녀는 그리움을 터앝에 앉혀놓고 딸의 손처럼 만지고 있었다
  딸의 볼을 부비고 있었다

흐린 오후
무거운 마음을 다이어트 시키려고
수선화 여덟 그루를 사왔다
터앝에 예쁘게 심었다

내년 봄엔
서울에 터앝과 뉴욕의 뜨락에서
수선화 꽃이 마주보고 웃겠지

노란 그리움이 음악처럼 쉬어가겠지

- 「마음 다이어트」 전문

  신찬옥 시인의 꽃에 대한 사랑은 꽃을 위한 것이기도 하지만 자신을 위한 것이기도 하다. 일방적인 사랑도 아름답고 고귀하지만 상대적일 때 더 깊이 있고 오래 지속되는, 확산되는 사랑이 될 것이다. 꽃으로 제유提喩되는 자연은 우리를 무심無心으로 이끌어 준다. 욕심 없고 사심 없이 웃고 있는 자연 앞에서는 누구든지 마음의 티끌을 내려놓고 순수 그 자체로 돌아간다.
  꽃을 사랑하는 마음에는 계절에 상관없이 언제나 웃음꽃이 피어난다. 시인은 태평양 건너 먼 곳에 있는 딸에 대한 그리움도 수선화를 매개로 아름답게 승화시키고 있다. 봄마다 서울과 뉴욕에서 수선화가 마주보고 피어나면 그 웃음은 태평양을 건너 전 세계를 감싸고 그 향기는 온 지구를 향기롭게 할 것이다. 수선화를 통해 그리움을 나누는 삶의 치유가 아름답다.

  이맘때면 우리 뒷산엔 금슬 좋은 꿩 부부가 흰 스카프 멋지게 목에 두르고 찾아왔다 진초록 주름치마 축 늘어진 푸른 계곡 호텔에서 은은히 들려오는 뻐꾸기 소리 들으며 새털구름 한 조각 살포시 깔고 꿀맛 같은 사랑을 속삭였다 마침, 그 위

를 날던 호기심 많은 까치가 고목나무 벤치에 살
짝 걸터앉아 그들 사랑놀이를 살금살금 훔쳐보았
다 그 숲속엔 아비 닮은 흰 스카프를 두른 고물고
물한 새끼들이 맑은 물 흐르는 수영장에서 차암방
차암방 물놀이하고 있다 막 얼굴을 내민 아침 햇
살이 나뭇가지 사이로 비쳐주고 있다

-「창문 너머 숲속 이야기」 부분

곤히 자는 나를 꼬옥 안아준다
깜짝 놀라 눈을 떴다
창문 너머 살며시 들어온 달
오랜만에 안겨보는 품안
혼자 잠든 내가 외로워 보였나보다

서로를 다독이며 폭 안겨 자던 잠이
옆에 없으면 허전해서 못 자던 잠이

-「달 품에 안긴다」 부분

자연은 계절의 변화에 따라 순환하고 소생하면서 오랜
생명을 유지하며, 인간에게 휴식과 위안을 주고 교훈을

주기도 한다. 인간은 자연에 비하면 극히 짧은 1회성의 삶을 살다 가는 유한한 존재이다. 거기 그대로 유유하게 존재하는 자연을 바라보기만 해도 도시인은 평화와 안식을 느낀다. 시인은 뒷산에 찾아오는 장끼와 까투리, 그들의 새끼들이 고물고물 행복한 시간을 보내는 모습을 보면서 순수한 세계를 함께 호흡하고 있다. 노래로 그들을 축복해주는 뻐꾸기, 그들의 사랑놀이를 훔쳐보는 호기심 많은 까치, 밝은 아침햇살 등을 등장시켜 한 폭의 아름다운 풍경화를 그려내고 있다. 「달 품에 안기다」에서도 곤히 잠을 자다가, 창문 너머 살며시 들어오는 달님의 품에 안기는, 자연과의 교감을 통해 행복했던 젊은 날을 회상하며 치유의 시간을 갖고 있다.

3. 가족사랑과 순명의 자세

　　　남편을 수술실로 들여보냈다
　　　대기실 앞에서 전광판에 뜨는 이름만 뚫어지게
　　보고 있었다
　　　뱃속 아기도 아빠가 걱정이 되는지 오늘따라 태동이 심했다

　　　아가야, 아빠 무사히 수술이 끝날 수 있도록 우

리 기도하자

여섯 시간째 계속 수술 진행 중,
입술은 바삭바삭 까맣게 타고
마음 졸이며 기다림 속에
여덟 시간 만에 수술이 끝났다

회오리바람은 지나고
오늘 저 똑딱거리는 시계소리처럼
당신의 심장 박동소리가 쿵쿵 울려 퍼질 때
살포시 잡은 두 손

― 「당신의 심장소리」 부분

 신찬옥 시인의 이번 시집에서 많은 부분은 남편에 대한 시가 차지하고 있다. 그도 그럴 것이 젊은 날부터 남편을 수술실에 들여보내고 간절하게 기도하며, 간병해 온 일이 그 후로도 계속 이어져 오고 있기 때문이다.
 「당신의 심장소리」에서는 아기를 임신한 상태에서 남편을 수술실에 보내고 뱃속의 아기와 함께 간절하게 기도 밖에 할 수 없던 체험을 가감 없이 보여준다. 어쩌면 시인은 그 젊은 날의 체험 이후로 건강이 약한 남편을 간병하면서 여린 생명, 아픈 생명, 죽어가는 생명에 대한 안타까움과 동질성을 느끼며 비록 식물일지라도 한 줄기 생명이 붙어 있으면 그들을 살려내기 위해 혼신의 힘을 다한 것이 아닐까 생각된다. 물론 천성적으로 약자에 대해 배려하는 품성을 타고나기도 했겠지만, 그 발현의 계기와 확장된 사랑의 시세계를 이러한 체험에서 찾을 수도 있으리라 생각된다.

한 번도 본 적 없는 그 남자와 커피를 마셨다

커피 속엔 설탕 대신 달콤한 생각이 들어 있었다
쓴 커피는 시간이 갈수록 간이 딱 맞았다

어느 날 부터였을까
살도 피도 섞이지 않은 그 남자를 보살피고 있었다
좋아하는 음식은 한 번 더 주려고 내 입엔 넣을 수가 없었다
노른자 터진 계란 후라이는 내 것이고
안 터진 예쁜 것은 그 남자 것이다
몸에 좋다는 건강식은 그 남자만 주었다

–「제 남편이에요」 부분

숨이 차다
비탈길만 걸어와서 숨이 차다
이제 평짓길만 남은 줄 알았더니 또 비탈,
그 사람이 아프다
나의 얼굴에 흑 바람이 불었다

척척박사 박수무당 찾아갔다
점괘는 생일 달에 꺼져가는 불이라고 했다
길에서 쓰러지면 몹시 위태롭다고 했다
내 얼굴엔 먹구름 또 먹구름
(중략)
작년 생일에도 살았고 올 생일에도 살아 있다

비탈길도 평지로 알고 절을 한다

–「절을 한다」 부분

 요즘 젊은이들의 삶의 모습은 많이 달라졌지만 전통적으로 결혼을 하면 집안일은 아내의 몫이었다. 아내가 남편과 똑 같이 사회생활과 직장생활을 하고 있어도 집에 가면 모든 일은 아내 몫이었다. 임신 출산은 말할 것도 없지만 육아까지도 온전히 엄마의 부담인 경우가 많았다. 남편의 내조는 물론이고, 자식들이 커 가면서도 온 가족을 챙겨야 하는 것이 주부의 삶이다. 시인은 거기 더하여 아픈 남편을 돌보아야 하는 책임감과 부담감을 안고 살아온 것 같다. "왜 책임을 져야 할까/자꾸만 건드리면 곧 터질 것만 같았다/부글부글 끓어올라 넘칠 때도 참 많았다." 평생을 살아오면서 어려운 때가 얼마나 많았을까. 그래도 시인은 "그 남자가 바로 제 남편이에요" 하고 운명을 받아들이면서 아픈 마음, 힘든 심정을 이렇게 시로 표현하면서 위안 받으며 살아왔을 것이다. "한 번도 본 적 없는 그 남자와 커피를 마시"면서 커피 속에 설탕처럼 달콤한 생각을 하다가, 어느 때부터 "쓴 커피"가 간이 딱 맞음을 느끼는 것은 그 남자에 대한 운명을 받아들이는 순명順命의 자세이고 사랑의 표현이다. 비탈길만 걸어와서 숨이 찬 나날을 견디면서, 실오라기를 잡아보려는 희망으로 박수무당을 찾고 역술원을 찾아 헤매면서도 "비탈길도 평지로 알고 절을 하"는 삶의 자세, 주어진 운명과 모든 상황에 순응하면서 스스로를 다스려나가는 지혜가 효과적으로 표현되어 있다.

장 미역 사서 이고 산후조리 해주러 오는 길에
대문에 걸려 있는 인줄을 보고 또 딸이구나
사돈 보기 민망하다고 눈물 글썽이며 되돌아간 엄마

산언저리마다 단풍으로 곱게 수놓은 산골마을
양지바른 흙집에 이사한 지 수십 년,
(중략)
엄마, 요즘 똑똑한 전화가 나왔어요
우리도 이제 화상 전화해요
손만 대면 엄마 얼굴 내 얼굴 매일 볼 수 있어요
엄마 집에 가서 전화할게
꼭 대답해 주세요

— 「시간 속으로」 부분

자식에게 거름으로 살아오신 어머니
그 양분 받아 파란 싹을 틔우고 쑥쑥 자랐다

'딸아 보고 싶다 엄마가 참깨 사났다'
'3일 있다 갈게요'

그 며칠을 못 참으시고

8월의 가을 햇빛 베고 먼 길 떠나셨다

(중략)

다시는 받아보지 못할 마지막 선물

냉동실에 꼭꼭 숨겨 둔 지 20년

- 「참깨」 부분

  모든 시인의 시에 빠지지 않고 등장하는 주제는 어머니의 사랑이다. 신찬옥 시인도 예외가 아니다. 특히 시인이 안타까워하는 것은 자신의 잘못이 아닌데도 "사돈 보기 민망하다고" 눈물 글썽이며 스스로를 자책하는 희생적 모성이다. 또 딸을 낳았다고 발길을 돌리던 엄마의 모습. 그만큼 여성은 오랜 세월동안 죄 없이 죄인으로 살아왔다. 시인은 세월이 흐른 후에 아들을 잘 키워 며느리까지 앞세우고 어머니 산소에 인사하러 가면서 문명의 이기를 통해 하늘나라와도 소통하고 싶은 소망을 피력하고 있다. 세월이 흘러도 희석되지 않는 그리움과 미안함의 표현이다. 그 절절한 어머니의 사랑을 안고 있는 시인은 어머니가 먼 길 떠나실 때 마지막으로 사 놓고 가신 "참깨"를, "다시는 받아보지 못할 마지막 선물"을 냉동실에 20년간이나 숨겨 두고 어머니 그리울 때 "꺼내서 꼬옥 안아"보며 어머니 그리움을 달래고 있다.

다리도 없는 불구의 몸,

접시에 심어 창가에 올려놓았다
통통하게 살찌우며 파란 잎 사이로
보랏빛 꽃망울이 조롱조롱 매달렸다

밑동은 썩어가도
가지마다 꽃들은 웃고 있었다

자식들 웃음소리에
함께 웃는 어머니,
어머니 몸속에 갇혀 있던
삶의 찌꺼기를 배설하지 못하고
밑동은 까맣게 썩어
진물이 흐른다

- 「무장다리꽃」 부분

쪼글쪼글한 몸에 해쓱한 얼굴
온몸의 양분을 새끼한테 빨리고 대근한 어미의 몸

여름이 머무는 터앝에

굵게 자란 육 남매가 어미의 품에 꼭 안겨 있다

껍데기만 남아 진물 흐르는 몸 내려놓고 어미는
눈을 감는다

메마른 상자 속에서 육 남매를 출산한 훌륭한
어머니, 나의 어머니

- 「모성」 부분

　먹다 남은 무우가 냉장고 속에서 싹을 틔우는 것을 보고 접시에 심어서 키우는 이야기이다. 밑동이 잘려져 "다리도 없는 불구의 몸"으로 오로지 물 한 모금에 의지하여 통통하게 잎을 피우고 가지마다 꽃을 피우느라 어미는(밑동은) 썩어가면서도 함께 웃는 희생적 모성이다.
　「모성」에서도 손수건만한 베란다에서 상자 속에 감자를 심고 자라나는 새끼 감자와 어미 감자를 보면서 어머니의 희생을 생각한다. 시인은 「마늘 육남매」에서도 마늘 육남매를 자신의 육남매에 환치시켜, 자식에게 모든 것을 다 주고 말라 가는 어머니를 만나고 있다. 어머니의 사랑과 희생은 이처럼 어머니가 진액까지 다 주고 멀리 떠난 뒤에야 느끼는 때늦은 사랑인가 보다. 그래서 더 안타깝고 절실하게 다가온다. 자욕양이친부대子欲養而親不待 - 공자님의 풍수지탄風樹之嘆에서 자유로운 사람은 없을 것이다.

  이 밖에도 시인은 「아버지의 굽은 등」에서 아버지의 사랑과 희생을 그리고 있다. 「딸의 내음」에서는 멀리 있는 딸을 그리워하며 "바다 건너 팔을 길게 뻗는다/만지고 싶다, 부비고 싶다, 먹이고 싶다" "벽에 붙어 서서 늘 웃고 있는 딸" 등, 느낌과 바람을 구체적인 이미지로 형상화시켜 독자의 공감을 자아내고 있다. 그 외에도 "형의 검은 눈물을 닦아 주고 싶"어서 형에게 "골수를 넣어주"는 사연(「형」), 며느리의 첫 생일에 생일상을 차려주는 화목한 가정을 위한 노력(「며느리의 첫 생일」), 시어머니에게서 받은 며느리사랑(「검정 두루마기」) 등, 가족의 여러 가지 사연을 시로 풀어내면서 생활 속의 아름답고 화목한 가정을 그려내고 있다. 이러한 노력은 시인의 어린 시절을 그려낸 시 「엄마의 숙제」에서부터 보인다. 학교 갔다 와서 저녁밥 지으라는 "엄마 숙제"를 "선생님이 내준 수학 숙제"보다 먼저 하면서, 만둣국에 "식구들 마음을 하나하나 넣고 간을 맞추"는 사랑과 지혜가 어렸을 때부터 함께했기에 어른이 되어 더욱 꽃이 핀 것으로 보인다.

4. 사람과 사물과의 교감

　신찬옥 시인의 생명사랑 꽃사랑 가족사랑은 그대로 그가 살아가는 사회로 옮겨와, 함께 살아가는 동시대인들과 사물들까지 사랑하는 시로 피어난다.

>　지하철역 계단에 쪼그리고 앉아
> 더덕을 깐다
> 역사 안으로 구석구석
> 짙은 향기가 걸어 다니며
> 행인들 발걸음을 잡는다
>
> 빠른 손놀림 속에 보이는 까만 손톱
> 할머니의 고랑 진 삶이 담겨 있다
> 갈 길은 멀고 해는 서산에 서성거리는데
> 굽은 등줄기에 진땀이 흐른다
>
> 한때는 더덕 향기만큼 좋은날도 있었다고,
> 어머니 초유 같은 달콤한 삶도 있었다고,
>
>　-「더덕장수 할머니」부분

지하철역에 앉아서 까만 손톱으로 더덕을 까며, 등줄기에 진땀을 흘리면서 어려운 삶을 이어가는 할머니, 그 할머니의 주름진 얼굴을 쓰다듬어 주는 더덕처럼 어려운 이웃을 보듬어 주고 싶은 사랑의 메시지가 크게 울리는 작품이다. 이 작품은 참신한 비유와 빛나는 표현으로 공감을 자아낸다. "더덕 향기만큼 좋은 날"은 얼마나 향기롭고 아름다웠을까. "어머니 초유 같은 삶"은 얼마나 달콤하고 편안했을까. 뿐만 아니라 향기가 "걸어다"니고 "행인들 발걸음을 잡"기도 한다. 신찬옥 시인은 사물에 자기 감정을 투사하는 감정이입법과 공감각적 기법 등, 빛나는 표현을 군데군데서 적절히 사용할 줄 아는 시인이다.

    선생님! 과일 좀 들어 봐. 난 과일도 맛이 없고 밥도 맛이 없어 젊어서 꿀맛 같던 밥 이 그립지 그런데 젊어서도 맛나고 늙어서도 맛난 게 있어, 그게 술이야 술 마시면 술 술 잘 넘어가 기운이 없다가도 술만 마시면 힘이 생겨 이젠 많이 못 마셔 병원 의사가 끊어야 산다고 했어 그런데 공단 선생님 예쁘지도 않은 이 늙은이를 왜 자꾸 찾아와

    국민건강보험공단에서는 치매 노인 상태를 확인하고 등급도 주고 간병인을 파견하고 지원해준

다 보험공단 직원이 오기만 하면 치매를 앓는 영민이 할아버지는 정신이 돌아 온다 딸을 엄마라고 부르고 아들을 아버지라 부르는 것을 그만두고, 딸을 딸이라 부르고 아들을 아들이라 부른다

    영민이 아버지가 국민건강보험공단 직원이면 할아버지 치매가 완치될 텐데

    -「기억은 그네를 타고」부분

    2호선 순환 열차를 탄다
    빈자리에 흘리고 간 체온이 앉아 있다
    한 번도 본 적 없는 이의 체온
    따뜻한 온돌방이다
    (중략)
    차가웠던 몸이 사르르 녹아내린다
    무거운 눈을 내려 감고 꾸벅꾸벅 존다

    긴 시간 꾹꾹 짜 모은 체온으로
    낯모르는 누군가를 위해
    온돌방을 만들어 놓고 내린다

    -「체온의 온돌방」부분

부모가 늙어 치매에 걸리면 생활인인 자녀들은 부모를 제대로 간병하기가 힘든 세상이다. 국민건강보험공단에서 파견해 주는 직원과 간병인이 환자의 상태를 더 잘 파악할 수도 있을 것이다. "공단 선생님"이 오면 노인은 정신이 돌아온다. 고향집 감나무와 살구나무, 옆집 친구 영수에 대한 행복한 기억도 떠올린다. "영민이 아버지가 국민건강보험공단 직원이면 할아버지 치매가 완치될 텐데" 영민이 아버지가 공단 직원이면 할아버지 치매가 완치될 수 있을까. 이 부분에서 시인은 여러 가지 함의를 숨겨놓고 있다. 곰곰 음미해 봐야 할 부분이다.

　시인은 노인문제 뿐만 아니라 함께 어울려 사는 사회에 대한 사랑이 많다. 동시대에 동일 공간을 접하고 사는 사람들, 어쩔 수 없이 서로 부딪히며 얽히며 같은 공기를 마시고 체온을 나누며 살 수밖에 없다면 적극적으로 나의 체온을 나누어주는 것이 더 보람 있고 기꺼운 일일 것이다. 우리 모두는 서로 연결되어 서로 영향 받으며 영향을 주며 살아가는 존재이기 때문이다. "한 번도 본 적 없는 이의 체온"을 느끼는 "따뜻한 온돌방" 지하철에서 나의 체온을 꾹꾹 짜 모아서 "낯모르는 누군가를 위해/온돌방을 만들어 놓"는 따뜻한 마음이 있어서, 찬바람 부는 이 사회가 그래도 살만한 세상이 되는 것이다.

지하철 문이 열린다
사람들이 쏟아진다

"뛰지도 마세요
걷지도 마세요
두 줄로 서서 가세요"

신음하며 병들어도
모두를 안아주는 지하철역 에스컬레이터

-「지하철역 에스컬레이터」부분

너와 내가 장단 맞춰 뚝딱뚝딱 디자인 해놓고
갖가지 모양과 색의 조화를 이루는 풍성한 음식들
식탁 위에 만찬의 꽃들
제각기 입맛대로 골라 먹는 식구들

휴일도 휴가도 없는 우리
찍히고 터진 상처가 아물 날이 없다
눈을 반쯤 감고 어제의 아픔을 기억한다

우리를 기다리는 시간에 만족하고
내일의 기쁨을 맞이한다
떼어 놓을 수 없는 우리는
도마와 칼 부부

-「도마와 칼」부분

  지하철역 에스컬레이터는 "내 등을 밟고 오르내"리는 사람들을 묵묵히 안아주는 성자이다. 뛰지도 말고 걷지도 말고 두 줄로 서서 가라고 써놓고 수시로 방송까지 하고 있지만 사람들은 에스컬레이터 위에서 걷기도 하고 뛰기도 하고 무거운 발로 쿵쿵 굴리며 다닌다. 그들의 발길에 "신음하며 병들어도" 에스컬레이터는 개의치 않고 "모두를 안아준다". 만해 한용운 선사의 시「나룻배와 행인」을 연상시키는 시이다. 사랑하고 희생하는 부모님 같은 "나룻배", 물만 건너면 "돌아보지도 않고" 가버리는 무정한 행인들, 그 뒤에서 그들을 기다리면서 날마다 낡아가는 나룻배처럼, 누구도 가리지 않고 무게도 발걸음도 분별하지 않고 모두를 안아주고 건네주는 에스컬레이터 성자를 잘 그려내고 있는 작품이다.
  「도마와 칼」에서는 도마와 칼의 공동작업과 희생에 초점을 맞추고 있다. 서로 장단을 맞추는 "단짝 요리디자이너"인 도마와 칼은, 비록 상처가 아물 날 없는 나날이지만 "식탁 위에 만찬의 꽃"을 피우며 "내일의 기쁨"을 위해 오늘의 아픔을 인내한다. 둘 중 하나만 있다면 쓸모가 없어 떼어놓을 수 없는 단짝인 도마와 칼을 "부부"의 삶에 환치시켜 의미를 확장시키고 있다. 그 외에도 「식사」에서는, 식당에서 밥을 먹기 전에 "밥상 위에 나란히 놓여있는 숟가락"에게 하루 종일 몇 사람에게 밥을 떠먹여 주었을까 물으며 그 수고에 고마운 인사를 한다. 시인은 이처럼 생활 주변에서 만나는 사물과도 교감하며, 작은 것에 사랑과 고마움을 표현한다. "누구의 입 속을 수없이 드나들었던 숟가락"을 통해 함께 더불어 살아가는 사회를 재인식시켜준다.

5. 자아 찾기와 자기정화

인간은 누구나 살아가면서 실존實存의 한계에 부딪히고, 그 한계와 구속에서 벗어나고자 나름대로 자기의 방법을 찾아서 노력하게 된다. 신찬옥 시인도 현실에 구속되어 있는 자아를 의식하면서 괴로워하고, 그 구속을 벗어나 자기만의 초월적인 세계를 가꾸고자, 꿈의 실현과 자기정화를 위해, 자기관리를 위해 노력하고 있다.

바위처럼 단단하게 박혀

어느 곳으로도 가지 못한다

몸에 맞지 않는 옷처럼 불편한

일상에서 벗어나고 싶다

파란 하늘에 새하얀 새털구름

너울너울 흘러가는 창공으로

날개를 활짝 펴고 훨훨

날아가고 싶다

-「날아가고 싶다」전문

가파른 오르막길
햇살 무등 태워 올라가는데
파아란 하늘이 잠깐 쉬어 가란다

솔잎 냄새 맡으며
생각의 문을 연다

지난 날 접었던

내 삶의 색을 다시 칠하고 싶다

떡갈나무 푸른 잎에

솔잎 붓으로 서투른 시를 써 본다

–「산길을 오르다」부분

　「날아가고 싶다」에서 시인은 현재의 삶의 조건과 상황에 피투被投되어 꼼짝하지 못하는 실존의 고통과 불안을 피력하고 있다. 현실의 멍에를 쓰고 바위처럼 단단하게 박혀 끌려가는 존재인 자아를 자각하면서도 우리는 훌쩍 떠나거나 벗어나지 못한다. "파란 하늘에 새하얀 새털구름"은 얼마나 자유로울까. 얼마나 가벼울까. 날개를 펴고 날아가고 싶은 모든 개아個我들의 소망을 대변해 주고 있다. 그래서 시인은 "산길을 오르"면서 실존적 자아 찾기에 나선다. 삶의 "가파른 오르막길"을 오르면서도 "생각의 문을" 여는 여유를 찾으려고 노력한다. 현실을 떠난 자연과의 대화와 교감 속에서 잊어버렸던 꿈을 만나고 "솔잎 붓으로 서투른 시를" 쓴다. "떡갈나무 푸른 잎"처럼 푸르른 젊은 날을 되찾기 위한 꿈을 실현한다.

높새바람 몰고 온 늦가을
된 비알에 구절초가 집성촌을 이루고 있다

쨍글 쨍글한 햇볕 속에
아홉 마디 맺은 아픔 이겨내며 구층탑 세웠다
9월 9일
벌 나비 한 바탕 놀고 간 뒤

먼 산 능선을 타고 내리는 안개는 하늘과 땅의
경계를 지웠다
아침저녁 차가운 공기가 교차되는 순간
보랏빛 향기는 짙어만 갔다

- 「구절초」 부분

오월의 꽃이 피는 시간을 버리고
약혜비스 영산홍은
사람들의 시선을 받으며 봄이 아닌
가을에 새롭게 태어나고 싶었다

부풀어가는 꽃망울을 다이어트 시키며

가을 문턱까지 질긴 근육으로 버텨왔다

초가을 마파람 맞으며
봉긋이 올라온 뽀얀 젖가슴 드러내는 꽃망울
뜰 위에서 파란 꿈을 펼치며 우뚝 선 약혜비스 꽃

나는 약혜비스 영산홍을 닮고 싶었다

- 「가을에 핀 영산홍」 부분

　시인은 자연과의 만남 속에서 시를 쓰면서, 자연에서 많은 교훈과 깨달음을 얻는다. 따뜻한 봄여름 다 지나고 차가운 공기가 교차되는 가을날에 향기가 더 짙어지는 구절초에게서 늦가을의 생명을 읽고, 가을에 핀 영산홍에서 삶의 지혜를 배운다. "봄이 아닌/가을에 새롭게 태어나고 싶"어서 가을 문턱까지 질긴 근육으로 버티는 영산홍에게, 남들과 다른 시간에, 다른 모습으로, 늦었다고 한탄하지 않고 꽃을 피우고, 더 알찬 꿈을 펼치고 싶은 자신의 소망을 동일화시키고 있다. 그러기 위해서는 끝없는 자기정화와 자기관리의 노력이 동반되어야 함을 알고 있다.

　　설악 오색온천 60도 황토방

116도의 불가마 속이었다
내 살갗을 뚫고 소금물이 흘러나왔다

가슴 한구석에 심술주머니
불쑥불쑥 기분대로 내뱉는 말 주머니
꾹꾹 눌러 담은 화 주머니
불가마 속에서 꾹꾹 짜버렸다

깨끗해진 내 몸이 다시 물들까 봐
온천물로 구석구석 씻어냈다

나는 새사람으로 다시 태어났다

-「주머니를 버리다」 전문

마지막 생리가 끝난 그녀
여자만이 갖추고 있던 주머니를 비워낸 후

젖은 빨래처럼 온몸이 축 늘어졌다
지난날의 모성을 다시 더듬어 보아도 마음뿐이다

그녀는 체육관으로 달려갔다, 평생 교육원으로

도 달려갔다

푸석푸석한 몸과 마음을 근육질로 바꾸고 싶었다

건조했던 삶이 다시 촉촉해졌다

새로운 꽃이 다시 피어났다

−「그녀의 꽃밭」 부분

"가을에 핀 영산홍"을 닮고 싶은 시인은 자기정화를 위해 땀을 흘린다. "심술주머니" "기분대로 내뱉는 말 주머니" "화 주머니"를 불가마 속에서 꾹꾹 짜서 버리고, 소금물로 흘려버리고, 깨끗해진 몸으로 "새 사람"으로 다시 태어나고자 하는 자기정화, 자기관리의 모습이 아름답다. 「그녀의 꽃밭」에서도 여성의 삶의 단계를 시기별로 보여주면서 "대대손손 대가족을 이루어내는" 꽃밭의 시기를 지나서 중년 이후의 삶에서 오는 어려움을 스스로의 노력으로 극복해내는 자기관리를 펼쳐내고 있다. 체육관으로, 평생교육원으로 달려가 몸과 정신을 재충전하면서 "새로운 꽃"을 피워내는 삶의 지혜로 자아 찾기에 성공하고 있다.

혼자 웃었다

재미가 없다

형 하고 같이 웃었다

또 재미가 없다

웃음 낚시를 던졌다

낚싯대에 웃음이 많이 걸리길 바랐다

찌가 흔들렸다 재빠르게 잡아 당겼다

작은 웃음 하나 걸렸다

(중략)

이번엔 낚싯줄을 멀리 던졌다

낚싯대가 휘청거렸다

웃음이 가득 잡혔다

모두 웃었다

웃음바다가 되었다

– 「웃음 낚시」 부분

햇볕 맞으며 반짝이는 억새꽃 동산

가을이 걸어가는 공원 한켠에서

그늘을 끌어와 쓰고 앉았다

단골로 드나드는 초록바람도 데려와 같이 앉았다

까맣게 기름진 동생 머리

희끗한 내 머리

하얀 명주실 나풀거리는 엄마 머리

가을 햇볕처럼 함께 웃고 있었다

- 「하늘 공원」 부분

  삶을 긍정적으로 만들어가는 지혜가 돋보이는 작품이다. 혼자 웃어도, 둘이 웃어도, 셋이 웃어도 별로 재미없는 삶에 "웃음 낚시"를 던져서 "웃음이 가득" 잡혀오면 이 세상은 "웃음바다"가 되어 날마다 행복할 것이다. 이웃과 함께 웃으면, 웃음 낚시를 던져서 이웃을 긍정의 바다, 행복의 바다로 끌어들이면, 재미없던 일상이 웃음바다로 변하게 되는 "웃음낚시", 그 요술낚시를 만들어내는 시인의 독특한 상상력이 놀랍다.

  「하늘 공원」에서는 공감각적共感覺的 표현 등 수사법이 많이 사용되고 있다. "그늘"을 끌어와서 시원하게 쓰고 앉은 세 모녀의 모습이 환히 보이도록 묘사한 시각의 촉각화, "초록 바람"에게 인격을 부여하여 "단골"을 만들어 같이 앉아 노는 의인화 등에서 개성적 표현이 돋보인다. 일본의 100세 시인 시바다 도요의 "바람이/유리문을 두드

려/문을 열어주었지/그랬더니/햇살까지 따라와/셋이서 수다를 떠네"(「바람과 햇살과 나」)라는 시를 연상하게 하는 아름다운 표현이며 긍정적인 사고이다.

    서점에서 너를 만났다
    꿈속에서 보았던 너였다

    불빛 앞에서 너와 눈이 마주치니 눈이 즐거웠다
    종알거리는 글자들이 뇌를 건드리며 내게로 들어왔다
    머릿속에는 새싹들이 가만가만 돋아나기 시작했다

    연초록빛 바람이 불어오니
    초록 꽃이 언어로 활짝 피는 날

    아침 햇살이 허한 방 안을 채우듯
    너는 내 안을 가득 메워주었다

    마른 스펀지에 물이 스미듯
    나는 너에게 푹 빠져 들었다

    다가갈수록 외면하는 너를 보면서
    떠나고 싶었지만

마음과 머리는 따로 따로
다시 너를 향해 한 발씩 다가갔다

나는 밥 대신 시를 먹었다

—「시와 터치 중」 전문

"꿈 속에서"도 시를 만나고, 서점을 찾아다니며, "마른 스펀지에 물이 스미듯" 시에 푹 빠져드는 시인의, "밥 대신 시를 먹"으며 시의 초록꽃이 피어나기를 바라는 시공부의 과정이 잘 그려져 있다. 시 잔치를 찾아가서 "여러 편의 시를 꼭꼭 씹"으며(「시 잔치가 열린 날」) 자기성찰로 자신을 돌아보고, 「수산시장」 바다친구들이 꾸는 "부활의 꿈"을 읽어내는 등, 시인은 좋은 시를 쓰기 위해 지속적인 노력을 기울이고 있다.

신찬옥 시인은 자연사랑 생명사랑을 넘어서 가족을 사랑하고 사람을 사랑하고 이웃을 사랑하며, 주어진 운명과 상황에 순응하면서 스스로 자기를 정립시켜나가는, 자기정화와 자기관리의 작품세계를 보여준다. 그는 또한 성실한 생활인이자 사랑의 시인이다. 그는 일상생활 속에서 만나는 세세한 사연까지 모두 시로 표현해내면서 반짝이는 표현과 상상력을 길어올리는 시인이다.

첫 시집을 펴내는 신찬옥 시인의 이러한 시의 깊이와 표현력이 더 큰 정진을 통해서 앞으로 더욱 빛을 발하고 더욱 풍성하게 피어날 것을 기원하고 기대한다.